Collana

EASY
ITALIANO
FACILE
LEICHT

**Italiano Facile**
*Collana di racconti*


Progetto grafico e copertina: Leonardo Cardini
Progetto grafico interno e note illustrate: Paolo Lippi
Prima edizione: 1994
Ultima ristampa: luglio 2009
ISBN libro 978-88-8644-000-4


© **ALMA EDIZIONI**
viale dei Cadorna, 44 - 50129 Firenze - Italia
Tel. +39 055 476644 - Fax +39 055 473531
info@almaedizioni.it
www.almaedizioni.it


Tutti i diritti di riproduzione, traduzione ed adattamento
sono riservati in Italia e all'estero


PRINTED IN ITALY
la Cittadina, azienda grafica - Gianico (BS)
*info@lacittadina.it*


***Nota***
*A cura di Alessandro De Giuli: capitoli X-XVIII, scheda, esercizi X-XVIII*
*A cura di Ciro Massimo Naddeo: capitoli I-IX, riassunto, esercizi I-IX*

Alessandro De Giuli
Ciro Massimo Naddeo

# Dov'è Yukio?

ALMA Edizioni
Firenze

# 4

*Dov'è Yukio?*

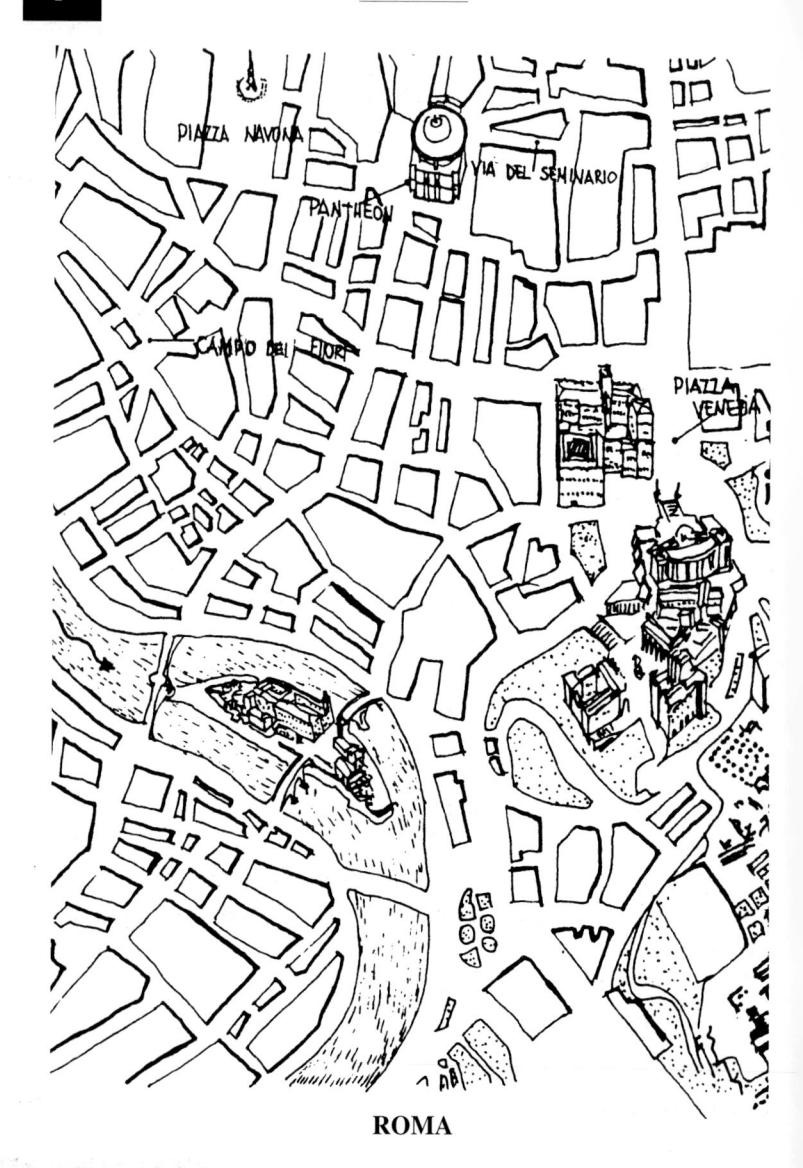

**ROMA**

*Dov'è Yukio?*

# CAP I

- Buongiorno ragazzi. Siete tutti presenti?
- Sì.
- Molto bene. Possiamo cominciare la lezione.

Antonietta lavora alla scuola di lingue Ciao Italia. Fa l'insegnante d'italiano. E' una ragazza molto simpatica. Nella sua classe, ci sono molti studenti.

- Di cosa parliamo oggi? - domanda Carmen, una ragazza spagnola.

Carmen ha gli occhi azzurri e i capelli neri. Studia teatro a Madrid.

- Oggi parliamo dei monumenti - risponde Antonietta.
- Monumenti? Che cosa vuol dire questa parola? - chiede Yukio, un ragazzo giapponese.
- Il Colosseo, il Pantheon e la Fontana di Trevi sono monumenti - dice André, un ragazzo francese.

André è molto intelligente e risponde sempre alle domande.

- Bravo André. E tu Narjess, quali monumenti conosci?

Narjess è una ragazza araba. Viene da Tunisi.

- Io conosco la chiesa di San Pietro.
- Sì, anche la chiesa di San Pietro è un monumento.
- Io invece conosco le catacombe - dice Johann, un ragazzo tedesco.
- Che cosa sono le catacombe? - domanda Yukio.
- Sono i cimiteri **sotterranei** dei primi cristiani - spiega André -

---

**sotterranei**: sotto la terra.

**Note**

Hanno circa 2000 anni.
- Esatto - dice Antonietta - E tu Betty, quali monumenti conosci?
Betty è una ragazza americana. Ha dei lunghi capelli rossi. Non capisce mai le domande.
- Monumenti? - dice Betty - Che cosa sono i monumenti?

# CAP II

Sono le dieci. E' l'ora della pausa.
Tutti vanno al bar della scuola.
- Ciao Ingrid. Come va?
Ingrid è una ragazza svedese. Studia in un'altra classe. Ha un bicchiere d'aranciata in mano.
- Ho molta sete. Oggi fa caldo.
- Sì, anch'io ho sete - dice Carmen - Voglio una coca cola. E tu Betty, che cosa prendi?
- Eh?! Cosa?
- Che cosa prendi? - ripete Carmen - Una coca cola, un'aranciata, un caffè?
- Ah, sì... Un caffè, grazie.
- Carmen, posso prendere qualcosa anch'io? - chiede Yukio.
- Certo Yukio. Che cosa vuoi?

**Note**

*Dov'è Yukio?*

- Un tè, grazie.
Carmen e Yukio sono molto amici. Abitano insieme.
Arriva André:
- Ciao Yukio. Cosa fai stasera?
- Niente. Perché?
- Vuoi venire con me al ristorante giapponese?
- D'accordo. La cucina giapponese è molto buona.
- Andate al ristorante giapponese? - domanda Carmen - Veniamo anche io e Betty.
- Va bene, allora siamo in quattro. Tu cosa fai, Ingrid? Vuoi venire?
- No, io non posso. Stasera devo andare al cinema con Johann.
Arriva Johann. Ha un giornale in mano.
- Ragazzi, sentite questa **notizia**.
Johann legge:

*"Misteriosa **scomparsa** di tre ragazzi giapponesi. Da tre giorni nessuno sa niente di loro. I tre ragazzi sono studenti della scuola di lingue Vox".*

- Giapponesi?
- Sì, che strano...
- Ragazzi, chi ha una penna? Devo scrivere un indirizzo.
E' Jim, un ragazzo australiano. Jim chiede sempre l'indirizzo a tutte le ragazze.

---

**notizia**: informazione. Nel giornale ci sono notizie di sport, politica, economia, ecc.

**scomparsa**: sparizione, il contrario di apparizione. Quando qualcuno o qualcosa non c'è più. *Es.: la scomparsa della città di Atlantide è un mistero.*

*Note*

# 8

*Dov'è Yukio?*

# CAP III

In classe, dieci minuti dopo.
Antonietta è vicino alla lavagna.
- Possiamo cominciare?
- Yukio non c'è - dice André.
- Dov'è?
- Non so. Forse è in **bagno**.
- Il suo libro e il suo quaderno sono sul tavolo - dice Carmen - Tra poco arriva, sono sicura.

Antonietta comincia la seconda ora di lezione.
Adesso parla del tempo.
- Che tempo fa, oggi? - chiede.
- Fa molto caldo - risponde André.
- Sì, oggi fa molto caldo. E' una bella giornata.
- In Italia c'è sempre il sole - dice Johann - Non è come in Germania.
- Anche in Spagna c'è sempre il sole - dice Carmen.

Tutti parlano del tempo.
Le ore passano e Yukio non torna. Il suo libro è sempre sul tavolo, vicino al quaderno.

A mezzogiorno la lezione finisce.
- Cosa faccio? - domanda Carmen - Prendo io il libro e il quaderno di Yukio?
- Certo - dice André - Prendi anche la sua borsa.

---

**bagno**: toilette. *Es.: la mia casa ha una camera da letto, una cucina e un bagno.*

- Va bene.
- Carmen, vieni con me?
E' Betty. Lei e Carmen tornano sempre insieme.
- Sì, arrivo. Ciao ragazzi.
- Ciao.
Carmen e Betty escono dalla classe.
- Andiamo **a piedi**?
- No, prendiamo l'autobus.
- Carmen! Betty! - grida André dalla porta.
- Che cosa c'è?
- Stasera dobbiamo andare al ristorante giapponese con Yukio, d'accordo?
- D'accordo. A stasera.


# CAP IV


Sono le tre del pomeriggio. Fa molto caldo.
Carmen è sul letto, nella sua stanza.
Yukio non c'è.
Suona il telefono.
- Pronto?
- Ciao Carmen, sono André. Come stai?

---

**a piedi**: andare con le proprie gambe, camminare. *Es.: oggi non voglio prendere la macchina, voglio andare a piedi.*

**Note**

*Dov'è Yukio?*

- Non riesco a dormire, con questo caldo...
- E' vero, oggi è una giornata tropicale. Posso parlare con Yukio?
- No, non è in casa.
- Ancora non torna? Ma dov'é?
- Non lo so. E' molto strano.
- Io sono un po' **preoccupato**. Ricordi l'articolo sui ragazzi giapponesi?
- Sì: "Misteriosa scomparsa di tre ragazzi giapponesi". Ma... Pensi che anche Yukio...
- No, no... Però è molto strano.
- Aspetta, André. Guardo nella sua agenda. Forse trovo un numero di telefono, un indirizzo...
- Va bene.

Carmen va nella stanza di Yukio. Apre la sua borsa e prende l'agenda. Poi torna al telefono.

- Sei ancora là?
- Sì - risponde André - Allora?
- L'agenda di Yukio è tutta in giapponese. Io non capisco niente.
- Guarda bene...
- Ah sì.... C'è la pagina di un giornale italiano. E' un **annuncio economico**.
- Cosa dice?

---

**preoccupato**: agitato, inquieto. Il contrario di tranquillo. *Es.: sono molto preoccupato, mio padre non sta bene.*
**annuncio economico**: avviso, informazione pubblicitaria. *Es.:*
ANNUNCIO ECONOMICO
*"Importante società di marketing cerca ragazza 20/25 anni per lavoro di segretaria. Presentarsi tutti i giorni in via Nazionale 5".*

*Dov'è Yukio?*

Carmen legge:

> "*SOC. CIN. cerca ragazzi orientali. Presentarsi tutti i giorni alle 10.30, in piazza del Pantheon 16*".

- Cosa vuol dire? - domanda Carmen.
- E' un lavoro per orientali: giapponesi, cinesi... Forse Yukio è alla Soc. Cin.
- Andiamo a vedere?
- Va bene, prendo la mia macchina. Arrivo subito.
- D'accordo, io chiamo Betty. Ciao.
- Ciao.

# CAP V

Sono le tre e mezza.
La vecchia Renault di André arriva in piazza del Pantheon.
André, Carmen e Betty scendono dalla macchina. Sono di fronte al monumento. Nella piazza, a quest'ora, non c'è nessuno.
- Che caldo! Sembra di essere in Africa.
- Questo è il Pantheon - spiega André - E' il **tempio** di Venere e di Marte.

---

**tempio**: *Es.: la chiesa è il tempio dei cristiani, la moschea è il tempio dei musulmani, la sinagoga è il tempio degli ebrei.*

*Note*

*Dov'è Yukio?*

# 13

# 14

*Dov'è Yukio?*

- Chi?
- Venere e Marte... La dea dell'amore e il dio della guerra.
- Dobbiamo cercare il numero 16 - dice Carmen.
- E' quel palazzo a destra.

Il numero 16 è un palazzo molto vecchio.

- Ed ora che cosa facciamo?
- Beh... Andiamo a vedere...

I tre amici entrano. Nell'**ingresso** non c'è molta luce. André, Carmen e Betty salgono le scale ed arrivano al primo piano, davanti ad una porta.

- SOC. CIN. - legge Carmen.
- Che cosa vuol dire?
- Non lo so. Forse è il nome di una società.

La porta è aperta.

- C'è nessuno? - domanda André.

Nessuno risponde.

- Entriamo.
- Io non vengo - dice Betty - Ho paura.
- Che cosa fai, allora? Resti qui da sola?
- No, va bene. Vengo con voi.

I tre amici entrano. Ora sono in una stanza **buia**. Dentro la stanza ci sono delle sedie ed un tavolo. Sul tavolo c'è un computer.

- Sembra un ufficio.
- Ragazzi, sento delle voci...
- Sì, c'è qualcuno.

---

**ingresso**: entrata.
**buia**: senza luce, nera. *Es.: la notte è buia.*

## Note

*Dov'è Yukio?*

Nell'altra stanza, qualcuno grida:
- Più sangue! Voglio più sangue!
- Aaaah!!!
- Mio dio! - dice Carmen - Che cos'è?
- Andiamo via, io ho paura.
- Sì, anch'io ho paura.

André, Carmen e Betty vanno verso la porta. Ma in questo momento arriva un uomo. E' alto e magro, con un vestito nero:
- E voi, che cosa fate qui?


# CAP VI

- Buongiorno, signore... Noi... Io e i miei amici... No, cioè... Yukio, un nostro amico giapponese...

Betty è davanti all'uomo e cerca di spiegare. Ma l'uomo non capisce. E' molto **nervoso**:
- Cosa volete? Non potete restare qui.
- Cerchiamo un nostro amico - dice André - E' un ragazzo giapponese. Si chiama Yukio.
- Non conosco nessuno con questo nome. Andate via, ora. Devo lavorare.
- Yukio - ripete André - Si chiama Yukio.

---

**nervoso**: irritabile, eccitabile. Il contrario di calmo. *Es.: tu sei nervoso perché bevi troppi caffè.*

- Fuori! Non ho tempo per voi.
- Signor Nesti!

E' la voce di un'altra persona, nell'altra stanza.

- Che cosa c'è? - grida l'uomo.
- Il **coltello**... Non va bene. E' troppo piccolo.
- D'accordo. Arrivo subito.

André, Carmen e Betty guardano il signor Nesti: ha due occhi neri, molto piccoli. Il suo viso non è simpatico.

- Allora... Siete ancora qui? - dice Nesti - Dovete andare via!
- Sì... Andiamo via subito... Arrivederci.

I tre ragazzi escono. Nesti chiude la porta.

# CAP VII

- Non mi piace quell'uomo - dice Carmen.
- Sì, ha un viso da assassino.
- Che cos'è un assassino? - chiede Betty.
- Un assassino è un killer - spiega André.
- Un killer? Mamma mia...

I tre amici salgono in macchina.

- Che caldo! Anche questo sole è un assassino...
- Torniamo a casa?

coltello

**Note**

*Dov'è Yukio?*

- No, dobbiamo cercare Yukio.
- Ehi, ma quello è Nesti...

In questo momento Nesti esce dal palazzo e sale su una FIAT bianca. La macchina parte e gira a sinistra per via del Seminario.

- Seguiamo quella macchina.
- Sì, quell'uomo è molto strano.
- Che cosa volete fare? - domanda Betty.
- Vogliamo seguire la macchina di Nesti.
- Io voglio tornare a casa. Ho paura.
- Quell'uomo sa dov'è Yukio - dice André - Sono sicuro.
- Va bene, andiamo.

# CAP VIII

Piazza Venezia, dieci minuti dopo.

La macchina di Nesti corre veloce. La vecchia Renault di André è sempre dietro.

- Va verso la stazione.
- Ora capisco - dice André - Vuole prendere il treno per **scappare**.
- Allora è davvero un assassino...

Nesti arriva alla stazione, poi gira in una strada con molti negozi. Parcheggia la macchina e scende.

---

**scappare**: fuggire, andare via. *Es.: il criminale vuole scappare dalla prigione.*

**Note**

*Dov'è Yukio?*

*Dov'è Yukio?*

- Che cosa fa?
- Non prende il treno. Entra in un negozio...

Nesti entra in un **ferramenta**. André, Carmen e Betty aspettano fuori. Dopo cinque minuti, Nesti esce.

- Ha qualcosa in mano...
- Sembrano coltelli...
- Coltelli?
- Sì, sono coltelli... Ragazzi, dobbiamo andare dalla polizia!
- Non ancora - dice André - Continuiamo a seguire la sua macchina. Forse Nesti torna alla SOC. CIN.

# CAP IX

Un quarto d'ora dopo.

La macchina di Nesti arriva al Colosseo. La Renault dei tre ragazzi è sempre dietro.

Nesti parcheggia la macchina vicino al Colosseo. Poi entra in un palazzo giallo.

- Cosa facciamo adesso?
- Aspettiamo qui.
- Io ho caldo - dice Betty - Non voglio stare in macchina.

I tre amici scendono. Ora sono di fronte al Colosseo.

---

**ferramenta**: negozio per la casa. Il ferramenta vende oggetti di ferro: martelli, chiodi, grandi coltelli, ecc. *Es.: vado dal ferramenta e compro un coltello nuovo.*

*Dov'è Yukio?*

André spiega:
- Questo è il Colosseo. E' un **antico** stadio romano. E' alto circa 50 metri ed è largo circa...
- André - dice Carmen - Conosciamo anche noi il Colosseo.
- Va bene, va bene... Andiamo a bere qualcosa.

Di fronte al palazzo giallo c'è un piccolo bar.

André, Carmen e Betty entrano.
- Buongiorno - dice il barista - Fa caldo, eh?
- Sì - dice André.
- Che cosa prendete?
- Io voglio un gelato al cioccolato - dice Betty.
- Non abbiamo gelati, signorina. Solo cose da bere.
- Va bene. Allora prendo un gelato alla crema.
- Betty... Il signore dice che non ci sono gelati.
- Ah, d'accordo... Allora una coca cola.
- Sì, anche per me - dice Carmen - E tu, André?
- Io prendo un succo di frutta.
- Siete studenti della Vox? - domanda il barista.
- Cosa?
- La Vox, la scuola di lingue. Voi non siete italiani, vero?
- No, non siamo italiani - dice Betty.
- Scusi, signore - domanda André - La scuola di lingue Vox è qui vicino?
- Sì, è in quel palazzo giallo.
- Dio mio! - grida Carmen - Allora Nesti è alla scuola Vox!
- Cosa? - domanda il barista.

---

**antico**: vecchio, il contrario di moderno. *Es.: questo monumento è molto antico, ha circa 2000 anni.*

**Note**

*Dov'è Yukio?*

- La scuola Vox è sul giornale di oggi - spiega André - La scomparsa dei tre ragazzi giapponesi...
- Ah sì, i tre ragazzi giapponesi... Che brutta notizia... Alla scuola Vox ci sono molti studenti orientali. Vengono sempre a prendere il caffè...

In questo momento, Nesti esce dal palazzo giallo.
- Ragazzi, andiamo! Nesti va via.
- Aspettate... Dobbiamo pagare... Quant'è?
- Sono quattromila e cinquecento lire.

# CAP X

Sulla via Appia, mezz'ora dopo.
La Renault di André segue sempre la macchina bianca di Nesti.
André e Betty parlano. Carmen è in silenzio.
- Ma dove va? - domanda Betty - Qui siamo in **campagna**.
- Ora capisco - dice André - Yukio e i tre ragazzi giapponesi sono **prigionieri** di Nesti, in una casa in campagna. Nesti va da loro.
- Questa strada è molto lunga...
- E' la via Appia, Betty.
- La via Appia?

---

**campagna**: zona non urbana, fuori della città. *Es.: io ho una casa in città e una casa in campagna.*
**prigionieri**: il contrario di liberi. *Es.: allo zoo, gli animali sono prigionieri.*

*Note*

- Sì, è un'antica strada romana. Guarda... Ci sono ancora delle **scritte** in latino, sui **lati**. Che ore sono adesso?
- Io non ho l'orologio - dice Betty - Domandiamo a Carmen. Carmen...

Carmen non risponde.
- Carmen, che cos'hai?

Carmen ha gli occhi rossi. Piange.
- Penso a Yukio - dice - Quel signore è un assassino.
- Perché dici così?
- E' un assassino - ripete Carmen - Uccide i ragazzi giapponesi, come i tre studenti della Vox...
- Basta Carmen. Non voglio sentire questi discorsi - dice André - Yukio è vivo.
- No, Yukio è morto - ripete Carmen - E' morto ...

Carmen continua a piangere. André continua a guidare.
Betty, invece, continua a fare domande:
- Dove siamo, adesso?
- Siamo alle catacombe - risponde André.
- I cimiteri degli antichi cristiani?
- Sì, Betty.

Ora Nesti gira a sinistra, parcheggia la macchina e scende. Poi entra nelle catacombe.

---

**scritte**: iscrizioni, segni. *Es.: sui monumenti di Roma, ci sono molte scritte in latino.*
**lati**: bordi, linee. La strada ha due lati, il lato destro e il lato sinistro. *Es.: il triangolo ha tre lati.*

**Note**

*Dov'è Yukio?*

# CAP XI

Cinque minuti dopo.

André, Carmen e Betty sono davanti all'entrata delle catacombe:

- Io ho paura.
- Dobbiamo andare, Betty. Forse Yukio è là.
- No - dice Carmen - Là dentro ci sono solo gli **scheletri** degli antichi cristiani.

Ora Carmen non piange più.

- Gli scheletri degli antichi cristiani? - grida Betty - Io non entro!
- Che cosa fai, allora? Resti qui da sola?
- No, va bene. Vengo con voi.

I tre amici entrano nella prima galleria. E' molto buia. André ha una piccola **torcia elettrica** e cammina davanti. Carmen è dietro ad André. Betty è dietro a Carmen.

- Dobbiamo stare **uniti** - dice Andrè - La luce della torcia non è molto forte.
- Io non vedo niente.
- Aiuto! - grida Betty - C'è un uomo!
- Non è un uomo - dice André - E' solo lo scheletro di un antico cristiano.

---

**scheletri**

**torcia elettrica**: lampada

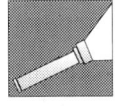

**uniti**: vicini, compatti. Il contrario di separati. *Es.: i vagoni del treno sono uniti.*

**Note**

- Ah sì, è vero... Che paura!

I tre ragazzi continuano a camminare. Ora entrano in un'altra galleria.

- Che cos'è questa? - chiede Carmen.
- E' una scritta religiosa. E' in latino.
- Tu capisci il latino, André?
- Sì, un po'.
- Che cosa dice questa frase?
- Aspetta... Devo tradurre... Ah sì, dice che c'è un solo dio.
- Sei bravo. Io non capisco niente. Il latino è troppo difficile per noi, vero Betty?

Betty non risponde.

- Betty! Ma... Dove sei?

Carmen guarda indietro: Betty non c'è più.

# CAP XII

- BETTY! BETTY!

André e Carmen gridano. Chiamano Betty. Ma Betty non risponde.

- Cosa facciamo adesso?
- Non lo so. Io non conosco la strada per tornare indietro.
- Cosa? Non possiamo uscire?
- Non è facile. Forse è in questa direzione...

André gira a sinistra. Carmen segue André.

**Note**

*Dov'è Yukio?*

**25**

Sui lati della galleria ci sono le teste, le braccia e le gambe degli antichi cristiani.
- Andrè, io ho paura.
- Anch'io.
- Aaaah!
- Cosa c'è?
- Quello scheletro... Ha il viso di Nesti...
- E' un antico cristiano. Vieni Carmen, andiamo via.

Entrano in un'altra galleria.
- Dove andiamo ora?
- Non lo so.
- Guarda Andrè, là c'è una luce!
- Sì, c'è qualcuno...
- Aaah... I miei occhi... Questa luce è troppo forte...

Dal **fondo** della galleria, arriva una strana luce. E' molto forte. Arrivano anche delle voci: sono le voci di molte persone.

---

**fondo**: la fine, la parte finale. *Es.: in fondo alla strada c'è un palazzo.*

**Note**

*Dov'è Yukio?*

# CAP XIII

- Ma... Dove siamo?

André e Carmen aprono gli occhi. Sono in fondo alla galleria. Di fronte a loro, c'è una scena incredibile: fotografi, cameramen, giornalisti e poliziotti sono intorno a tre ragazzi giapponesi. Sono gli studenti della scuola Vox. I tre ragazzi hanno la barba lunga e i vestiti **sporchi**. Rispondono alle domande dei giornalisti:

- Sì - dice il primo - Tre giorni nelle catacombe... Un'esperienza terribile.
- E' vero - dice il secondo - Ma ora siamo qui... E siamo vivi...
- Le gallerie sembrano tutte uguali - dice il terzo - E' difficile trovare la strada giusta senza una guida.
- Volete ringraziare qualcuno? - domanda un giornalista.
- Sì, vogliamo ringraziare questo signore.

Tutti guardano un vecchio uomo con i capelli bianchi. Ha un cappello blu in testa. E' la guida delle catacombe.

- E' sempre la stessa storia - dice la guida - Spesso la gente entra nelle catacombe senza di me e poi non riesce ad uscire, così io devo esplorare tutte le gallerie. Qualche volta i turisti restano dentro per molto tempo, come questi ragazzi.
- Grazie signore, grazie - ripetono i tre giapponesi.
- Ragazzi, una foto con la guida! - dice un fotografo.
- Quando tornate in Giappone? - domanda un altro giornalista.

---

**sporchi**: il contrario di puliti. *Es.: dopo cena, Maria lava i piatti e i bicchieri sporchi.*

**Note**

André e Carmen guardano la scena. Non dicono niente. Pensano a Yukio e a Betty. Poi, dietro di loro, sentono la voce di una ragazza. Parla con un poliziotto:

- No, non mi chiamo Carmen. Carmen è una mia amica spagnola. Io sono americana. Allora... Io, Carmen e André... Sì André, un mio amico francese... Noooo, non Yukio... Yukio è un mio amico giapponese... Allora, io, Carmen e André...

- Betty!

# CAP XIV

Davanti all'entrata delle catacombe, un quarto d'ora dopo.

André, Carmen e Betty parlano con tre poliziotti:

- Sì - dice André - Cerchiamo un nostro amico giapponese. Si chiama Yukio.

- Cosa? Un altro giapponese? Anche lui va nelle catacombe senza guida?

- No, no, Yukio non va nelle catacombe.

- E allora, perché cercate qui il vostro amico?

- Perché qui c'è il signore della SOC. CIN. - dice Carmen - L'assassino...

- Chi?

- Il signor Nesti - dice André.

*Note*

I poliziotti non capiscono.

- Dovete trovare il signor Nesti - ripete André - Lui sa dov'è Yukio.

In questo momento, un uomo sale su una Fiat bianca: è Nesti.

- E' lui! - grida Betty - Quello è il signor Nesti!

I poliziotti corrono verso la macchina. Nesti scende.

# CAP XV

- Dov'è Yukio? - grida André.

Ora i poliziotti ed i tre amici sono tutti intorno a Nesti. Fanno molte domande, ma Nesti non capisce.

- Io non conosco il vostro amico.

- Non è vero. Quest'uomo è un assassino - dice Carmen - Compra i coltelli dal ferramenta e poi uccide i ragazzi orientali nel suo ufficio, in piazza del Pantheon.

- Sì, è così - dice Betty - E' un assassino.

- E' vero, signor Nesti? - domanda un poliziotto.

- No - risponde Nesti - Non è vero.

Poi spiega:

- Io mi chiamo Mario Nesti. Sono un **produttore** di film horror. La mia società si chiama SOC. CIN. Questo nome vuol dire

---

**produttore**: nel cinema, chi produce (paga, finanzia, organizza) un film. *Es.: quell'uomo ha molti soldi, è un produttore di Hollywood.*

*Note*

SOCIETA' CINEMATOGRAFICA. E' in piazza del Pantheon. Compro coltelli perché faccio film con molte scene di sangue e di violenza. Oggi sono qui nelle catacombe perché cerco un posto buio per una scena del mio ultimo film. Si chiama "Sangue in Oriente".

- "Sangue in Oriente"? - dice André - Ora capisco! I ragazzi orientali... L'annuncio sul giornale...

- Sì - dice Nesti - Cerco ragazzi orientali perché i **personaggi** del film sono tutti orientali.

- E la scuola di lingue Vox?

- Molti studenti della Vox vengono dall'Oriente. Così io vado là per cercare gli attori del film.... Ma non conosco quei tre giapponesi... E' tutto chiaro adesso?

- Sì, è tutto chiaro.

- Ma allora - dice Carmen - Yukio dov'è?

# CAP XVI

A casa di Carmen e Yukio, due ore dopo.
Yukio non c'è.
André, Carmen e Betty - stanchi e tristi - sono nel salone.
- Io non capisco... il signor Nesti non è un assassino?

---

**personaggi**: ruoli, caratteri. *Es.: nei film di Walt Disney, i personaggi sono degli animali.*

**Note**

*Dov'è Yukio?*

- No, Betty. Quell'uomo è un produttore di film horror. Lui non conosce Yukio.
- Davvero?
- Sì, Betty.

Carmen guarda l'orologio:
- Sono le dieci. Perché Yukio non torna?
- E' un mistero - dice André.
- Sì, è un mistero.
- Io torno a casa - dice Betty - Sono stanca. Vieni con me, André?
- No, resto qui. Voglio aspettare Yukio.
- Va bene, allora ciao.
- Ciao, a domani.

Betty esce.
Fuori è già notte.
Nelle strade non c'è nessuno. Tutta la città sembra dormire.
Betty cammina verso casa e pensa a Yukio:
"E' un mistero" - ripete.
Ora entra in una strada **stretta**, molto buia. Intorno c'è uno strano silenzio.
Nel silenzio, una voce...
- Buonasera, Betty.

---

**stretta**: il contrario di larga. *Es.: questa strada è troppo stretta, la macchina non può entrare.*

**Note**

# CAP XVII

- Eh?! Cosa?
Betty ha paura. Vuole scappare.
Di fronte a lei c'è una donna vecchia. Ha il viso magro e i capelli lunghi e bianchi. Nei suoi occhi c'è una luce strana.
- Dove vai Betty?
- Io... Io vado a casa.
- Non devi avere paura, Betty. Io voglio solo parlare.
- V... v... v... va bene, signora.... N... n... n... non ho paura...
- Molto bene. Tu e i tuoi amici cercate qualcuno, vero?
- Sì...
- E' un ragazzo orientale?
- Sì, ma... Come è possibile?
- Io so tutto, Betty. Conosco il passato, il presente ed il futuro.
- Cosa?
- So tutto. Ascolta adesso: il vostro amico è vivo e sta bene.
- Davvero? E dov'è ora?
- *ORA* - dice la donna - *E' IN UN POSTO PICCOLO E BUIO*.

**Note**

# CAP XVIII

La mattina dopo, davanti alla scuola Ciao Italia.
Sono le nove meno dieci. Come ogni mattina, gli studenti entrano a scuola. Tutti domandano di Yukio.
- No - dice Carmen - Yukio non è a casa.
- E dov'è?
- E' un mistero. Ieri pomeriggio io, André e Betty...

Carmen racconta tutto agli amici: parla di Nesti, della SOC. CIN. e delle catacombe.
- Sì, un produttore cinematografico - dice Carmen - Incredibile...
- Ciao ragazzi.

E' Betty. Ha un viso strano.
- Ciao Betty. Che cos'hai?
- Ieri sera io...

Anche Betty racconta la sua avventura. Parla della donna con i capelli bianchi e della sua frase misteriosa.
- "Un posto piccolo e buio" - ripete André - Che cosa vuol dire?
- Non lo so - dice Betty - E' un mistero.
- Ehi! Cosa succede?

Dentro la scuola, qualcuno grida:
- Aiuto! Aiuto!
- Sembra una voce...
- Sì, viene dal bagno.

Tutti corrono verso il bagno. La porta è chiusa.
- Apriamo la porta...
- Aiuto! Voglio uscire! - grida ancora la voce.
- Ma... Questa voce...
- Sì, è la voce di ...
- Dov'è la **chiave**? - domanda André.
- E' là.
André prende la chiave e apre la porta.
Tutti guardano dentro. Davanti a loro, stanco ma felice, c'è Yukio.
- Finalmente! - dice Yukio - Grido "aiuto" da un giorno ma voi non sentite. Posso avere una tazza di tè?

**FINE**

chiave

**Note**

# RIASSUNTO

**CAP I**. Yukio, André, Carmen e Betty studiano italiano alla scuola di lingue Ciao Italia. Antonietta è la loro insegnante.

**CAP II**. Alle dieci, come ogni mattina, c'è la pausa. Tutti gli studenti vanno al bar della scuola. Carmen e Yukio sono molto amici, abitano insieme. La sera vogliono andare al ristorante giapponese con André e Betty. Johann, un ragazzo tedesco, legge una notizia sul giornale: "misteriosa scomparsa di tre ragazzi giapponesi. I tre ragazzi sono studenti della scuola di lingue Vox".

**CAP III**. Inizia la seconda ora di lezione. Yukio non c'è. Il suo libro ed il suo quaderno sono sul tavolo. Adesso l'insegnante parla del tempo: oggi fa molto caldo. Le ore passano, ma Yukio non torna. A mezzogiorno, Carmen prende le cose di Yukio e torna a casa con Betty.

**CAP IV**. Alle tre, André telefona a Carmen. Yukio non è in casa. Carmen trova un indirizzo nell'agenda di Yukio: forse Yukio è alla SOC. CIN., in piazza del Pantheon.

*Note*

**CAP V**. Alle tre e mezza André, Carmen e Betty arrivano in piazza del Pantheon. La porta della SOC. CIN. è aperta, ma nessuno risponde. I tre amici entrano in una stanza buia. Dopo un po', arriva un uomo alto e magro.

**CAP VI**. E' il signor Nesti, un uomo molto nervoso. Non ha tempo per loro. I tre ragazzi devono andare via.

**CAP VII**. Nesti esce dal palazzo della SOC. CIN. André, Carmen e Betty decidono di seguire la sua macchina: quell'uomo è molto strano.

**CAP VIII**. Nesti entra in un ferramenta e compra dei coltelli. I tre ragazzi sono sicuri: quell'uomo è un assassino.

**CAP IX**. Nesti arriva al Colosseo ed entra in un palazzo giallo. I tre amici aspettano nel bar di fronte. Il barista dice che in quel palazzo c'è la scuola di lingue Vox.

**CAP X**. La macchina di Nesti è sulla via Appia. Carmen piange: dice che Yukio è morto. Nesti arriva alle catacombe.

**CAP XI**. I tre ragazzi entrano nelle catacombe. Le gallerie sono molto buie. Betty rimane indietro.

**CAP XII**. André e Carmen non trovano la strada per uscire. In fondo ad una galleria, vedono una luce.

*Note*

**CAP XIII**. Davanti ad André e Carmen c'è una scena incredibile: fotografi, giornalisti, cameramen e poliziotti sono intorno a tre ragazzi giapponesi. Sono i tre studenti della Vox. Dopo tre giorni nelle catacombe, sono ancora vivi. Nella galleria c'è anche Betty.

**CAP XIV**. André, Carmen e Betty sono con tre poliziotti. Parlano di Yukio e di Nesti. In quel momento, un uomo sale su una FIAT bianca: è Nesti.

**CAP XV**. Nesti spiega: è un produttore di film horror. Cerca ragazzi orientali per il suo film "Sangue in Oriente". Non conosce i tre giapponesi e non conosce Yukio.

**CAP XVI**. A casa di Carmen e Yukio, due ore dopo. Yukio non c'è. André, Carmen e Betty sono stanchi e tristi. Betty torna a casa da sola, ma sulla strada...

**CAP XVII**. ... incontra una vecchia signora con i capelli bianchi. La donna sa tutto: dice che Yukio sta bene ed è vivo. Ora è in un posto piccolo e buio.

**CAP XVIII**. La mattina dopo, a scuola, qualcuno grida: è Yukio. Da un giorno, è chiuso nel bagno della scuola.

*Note*

# SCHEDA

## *I MONUMENTI DI ROMA*

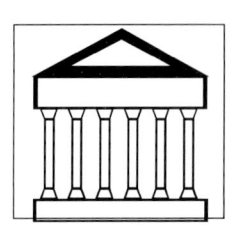

**Il Pantheon**
Costruito nel 25 avanti Cristo, è il tempio di tutti gli dei ( in particolare del dio Marte e della dea Venere). Nel 600 dopo Cristo il Pantheon diventa una chiesa cristiana.

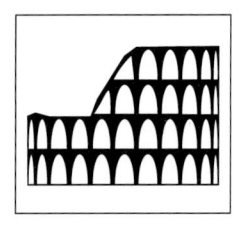

**Il Colosseo**
E' un antico stadio, luogo degli spettacoli con i gladiatori e gli animali. Si chiama anche Anfiteatro Flavio.
La sua caratteristica forma circolare è il simbolo della città di Roma.

**La via Appia**
E' un'antica strada romana. La via Appia va da Roma a Brindisi, nel sud dell'Italia.

---

*Note*

## Le catacombe

Nei primi anni del cristianesimo, gli imperatori romani proibiscono la nuova religione. I primi cristiani non possono celebrare le loro cerimonie religiose in pubblico, ma solo in luoghi segreti. Le catacombe sono dei cimiteri sotterranei, dedicati alla memoria di un santo o di un martire (a Roma esistono le catacombe di Sant'Agnese, di Santa Priscilla, di San Callisto, di San Sebastiano, di Domitilla e di Pretestato).

*Note*

# **ESERCIZI**

## Capitolo I

*1. Vero o falso?*

|  | Vero | Falso |
|---|---|---|
| a) Antonietta è una studentessa. | ❐ | ❐ |
| b) Carmen è spagnola. | ❐ | ❐ |
| c) Il Pantheon è un monumento. | ❐ | ❐ |
| d) Narjess è francese. | ❐ | ❐ |

*2. Collega le domande con le risposte.*

| | |
|---|---|
| a) Siete tutti presenti? | e) Sono i cimiteri sotterranei dei primi cristiani. |
| b) E tu Narjess, quali monumenti conosci? | f) Sì. |
| c) Che cosa sono le catacombe? | g) Oggi parliamo dei monumenti. |
| d) Di cosa parliamo oggi? | h) Conosco la chiesa di San Pietro. |

*3. Completa il testo.*

Antonietta lavor___ alla scuola di lingue Ciao Italia. Fa _____ insegnante d'italiano. È _____ ragazza molto simpatica. Nella sua classe, ci _____ molti studenti.

4. Trova le domande.
a) _____ Antonietta? Alla scuola di lingue Ciao Italia.
b) _____? Fa l'insegnante d'italiano.
c) _____ Carmen? È una ragazza spagnola.
d) _____ Narjess? Da Tunisi.

## Capitolo II

*1. Vero o falso?*

|  | Vero | Falso |
|---|---|---|
| a) Ingrid e Carmen hanno sete. | ❐ | ❐ |
| b) Carmen abita da sola. | ❐ | ❐ |
| c) André vuole andare al ristorante giapponese. | ❐ | ❐ |
| d) Ingrid non può andare al ristorante. | ❐ | ❐ |

*2. Completa il testo con le parole della lista.*

**bicchiere - caffè - caldo - pausa - ragazza - sete - va - vanno**

Sono le dieci. È l'ora della _____ . Tutti _____ al bar della scuola.
- Ciao Ingrid. Come _____ ?
Ingrid è una _____ svedese. Studia in un'altra classe. Ha un _____ d'aranciata in mano.
- Ho molta sete. Oggi fa _____ .
- Sì, anch'io ho _____ - dice Carmen - Voglio una coca cola. E tu Betty, che cosa prendi?
- Eh?! Cosa?
- Che cosa prendi? - ripete Carmen - Una coca cola, un'aranciata, un caffè?
- Ah, sì... Un _____ , grazie.

*3. Completa il dialogo con i verbi.*

- Ciao Yukio. Cosa (fare) _____ stasera?
- Niente. Perché?

*Dòv'è Yukio?*

- (Volere) _____ venire con me al ristorante giapponese?

- D'accordo. La cucina giapponese (essere) _____ molto buona.

- Tu e Yukio (andare) _____ al ristorante giapponese? - domanda Carmen - (Venire) _____ anche io e Betty.

- Va bene, allora (essere) _____ in quattro. Tu cosa (fare) _____ , Ingrid? Vuoi (venire) _____ ?

- No, io non (potere) _____ . Stasera (dovere) _____ andare al cinema con Johann.

## Capitolo III

*1. Vero o falso?*

|  | Vero | Falso |
|---|---|---|
| a) Yukio non è in classe. | ❏ | ❏ |
| b) La lezione comincia a mezzogiorno. | ❏ | ❏ |
| c) Carmen e Betty tornano a casa con l'autobus. | ❏ | ❏ |

*2. Metti il dialogo nell'ordine giusto.*

a) - Dov'è?
b) - Yukio non c'è.
c) - Possiamo cominciare?
d) - Non so. Forse è in bagno.

*3. Completa il dialogo.*

- Che _____ fa, oggi?
- _____ molto caldo.
- Sì, oggi _____ molto caldo. È una bella _____ .
- In Italia c'è sempre il _____ , non è come in Germania.

## Capitolo IV

*1. Vero o falso?*

|  | Vero | Falso |
|---|---|---|
| a) André telefona a Carmen. | ❒ | ❒ |
| b) Yukio è nella sua stanza. | ❒ | ❒ |
| c) Nell'agenda di Yukio c'è un giornale giapponese. | ❒ | ❒ |

*2. Metti il dialogo nell'ordine giusto.*

a) - È vero, oggi è una giornata tropicale. Posso parlare con Yukio?
b) - Ancora non torna? Ma dov'è?
c) - Ciao Carmen, sono André. Come stai?
d) - No, non è in casa.
e) - Pronto?
f) - Non lo so. È molto strano.
g) - Non riesco a dormire, con questo caldo...

*3. Trova le domande.*

a) _____? Sono le tre del pomeriggio.
b) _____Carmen? È sul letto, nella sua stanza.

## Capitolo V

*1. Vero o falso?*

|  | Vero | Falso |
|---|---|---|
| a) André ha una vecchia Renault. | ❒ | ❒ |
| b) La Soc. Cin. è al primo piano di un vecchio palazzo. | ❒ | ❒ |
| c) Betty vuole più sangue. | ❒ | ❒ |

*2. Scegli l'espressione giusta.*

**È / Sono / Hanno** le tre e mezza. **Una / Questa / La** vecchia Renault di André arriva in piazza del Pantheon. André, Carmen e Betty scendono **dalla / della / alla** macchina. **Nella / In la / Alla** piazza, a quest'ora, non c'è nessuno.

## Capitolo VI

1. Vero o falso?

|  | Vero | Falso |
|---|---|---|
| a) Il signor Nesti è un amico dei tre ragazzi. | ❒ | ❒ |
| b) Il signor Nesti non è molto simpatico. | ❒ | ❒ |

## Capitolo VII

*1. Vero o falso?*

|  | Vero | Falso |
|---|---|---|
| a) Nesti ha una macchina bianca. | ❏ | ❏ |
| b) I tre amici vanno a casa. | ❏ | ❏ |

*2. Completa il dialogo con i verbi.*

- Seguiamo quella macchina.
- Sì, quell'uomo è molto strano.
- Che cosa (voi / volere) _____ fare? - domanda Betty.
- (Volere) _____ seguire la macchina di Nesti.
- Io (volere) _____ tornare a casa. (Avere) _____ paura.
- Quell'uomo (sapere) _____ dov'è Yukio. Sono sicuro.
- Va bene, andiamo.

## Capitolo VIII

1. Vero o falso?

|  | Vero | Falso |
|---|---|---|
| a) Nesti prende il treno per scappare. | ❏ | ❏ |
| b) Nesti compra dei coltelli in un ferramenta. | ❏ | ❏ |

## Capitolo IX

*1. Vero o falso?*

|  | Vero | Falso |
|---|---|---|
| a) Il bar è vicino al Colosseo. | ☐ | ☐ |
| b) Nel bar non ci sono gelati. | ☐ | ☐ |
| c) Il bar e la scuola Vox sono nello stesso palazzo. | ☐ | ☐ |

*2. Scegli l'espressione giusta.*

- Buongiorno - dice il barista - **Fa / Sono / È** caldo, eh? Che cosa prendete?
- Io **volio / voglio / vuole** un gelato al cioccolato - dice Betty.
- Non **avemo / aviamo / abbiamo** gelati, signorina. Solo cose da bere.
- Va bene. Allora **prendo / prendere / prendi** un gelato alla crema.
- Betty... Il signore dice che non **ce' / c' è / ci sono** gelati.
- Ah, d'accordo... Allora una coca cola.
- Sì, **anche me / anche per io / anche per me** - dice Carmen - E tu, André?
- Io prendo **una / un / uno** succo di frutta.
- Siete **studente / studenti / studiate** della Vox? - domanda il barista.
 - Cosa?
 - La Vox, la scuola di lingue. Voi non siete **l'italiano / italiano / italiani**, vero?
 - No - dice Betty.

*Dov'è Yukio?*

## Capitolo X

*1. Vero o falso?*

|  | Vero | Falso |
|---|---|---|
| a) I tre amici seguono Nesti sulla via Appia. | ✓ | ☐ |
| b) Sulla via Appia ci sono le catacombe. | ✓ | ☐ |

*2. Completa il testo.*

Sulla __via__ Appia, mezz'ora dopo. La Renault di André segue sempre la __macchina__ bianca di Nesti. André e Betty parlano. Carmen è in __silenzio__.

- Ma dove va? - domanda Betty - Qui siamo in __campagna__.

- Ora capisco - dice André - Yukio e i tre ragazzi giapponesi sono __prigionieri__ di Nesti, in una casa in campagna. Nesti va da loro.

- Questa __strada__ è molto lunga...

- È la Appia, Betty. È un'antica __strada__ romana. Guarda... Ci sono ancora delle __scritte__ in latino, sui lati. Che ore sono adesso?

- Io non ho l'__orologio__ - dice Betty - Domandiamo a Carmen.

## Capitolo XI

*1. Vero o falso?*

|  | Vero | Falso |
|---|---|---|
| a) Betty non vuole entrare nelle catacombe perché ha paura. | ❏ | ❏ |
| b) Nelle catacombe c'è lo scheletro di Yukio. | ❏ | ❏ |
| c) Carmen conosce il latino. | ❏ | ❏ |

## Capitolo XII

*1. Vero o falso?*

|  | Vero | Falso |
|---|---|---|
| a) André e Carmen non conoscono la strada per uscire dalle catacombe. | ❏ | ❏ |

## Capitolo XIII

*1. Vero o falso?*

|  | Vero | Falso |
|---|---|---|
| a) I tre studenti giapponesi non sono morti. | ❏ | ❏ |
| b) La guida delle catacombe vuole ringraziare i tre studenti. | ❏ | ❏ |
| c) Anche Betty è nella galleria. | ❏ | ❏ |

*2. Scegli l'espressione giusta.*

André e Carmen aprono **i / l' / gli** occhi. Sono in fondo alla galleria. Di fronte a loro, c'è **una scena incredibila / un scene incredibile / una scena incredibile**: fotografi, cameramen, giornalisti e poliziotti sono intorno a tre **ragazze giapponese / ragazzi giapponesi / ragazzi giapponese**. Sono **gli / i / questi** studenti della scuola Vox. I tre ragazzi hanno la barba lunga e **gli vestiti sporci / i vestiti sporco / i vestiti sporchi**. Rispondono alle domande dei giornalisti:
- Sì - dice il primo - Tre giorni nelle catacombe... **un'esperienza terribile / un esperienza terribile / un'esperienza terribila**.
- È vero - dice il secondo - Ma ora siamo qui... E siamo vivi...
- Le gallerie sembrano **tutti uguali / tutte uguale / tutte uguali** - dice il terzo - È difficile trovare la strada giusta senza una guida.
- Volete ringraziare qualcuno? - domanda un giornalista.
- Sì, vogliamo ringraziare **questo signore / queste signore / questo signor**.
Tutti guardano un vecchio uomo con **i capelli bianchi / gli capelli bianco / i capelli bianchi**. Ha un cappello blu in testa. È la guida **di / dalle / delle** catacombe.
- È sempre **una / la / questa** stessa storia - dice la guida - Spesso **la gente entrano / le gente entrano / la gente entra** nelle catacombe senza di me e poi non riesce ad uscire, così io **voglio / devo / posso** esplorare tutte le gallerie. Qualche volta **i / il / gli** turisti restano dentro per molto tempo, come questi ragazzi.

## Capitolo XIV

*1. Vero o falso?*

|  | Vero | Falso |
|---|---|---|
| a) Carmen dice ai poliziotti che il signor Nesti è un assassino. | ❏ | ❏ |
| b) I poliziotti conoscono bene il signor Nesti. | ❏ | ❏ |

## Capitolo XV

*1. Vero o falso?*

|  | Vero | Falso |
|---|---|---|
| a) Mario Nesti lavora alla scuola Vox. | ❏ | ❏ |
| b) Nesti è il produttore del film "Sangue in Oriente". | ❏ | ❏ |

*2. Completa il dialogo con le parole della lista.*

**orientali - buio - ferramenta - società - studenti - catacombe
assassino - amico - attori - personaggi - scene - annuncio
produttore - coltelli**

- Io non conosco il vostro _____ .
- Non è vero. Quest'uomo è un _____ . Compra i coltelli dal _____ e poi uccide i ragazzi _____ nel suo ufficio, in piazza del Pantheon.
- Io mi chiamo Mario Nesti. Sono un _____ di film horror. La mia _____ si chiama SOC: CIN. Compro _____ perché faccio film con molte _____ di sangue e di violenza. Oggi sono qui nelle

*Dov'è Yukio?*

_____ perché cerco un posto _____ per il mio ultimo film. Si chiama "Sangue in Oriente".
- "Sangue in Oriente? - dice André - Ora capisco! I ragazzi orientali... L'_____ sul giornale...
- Sì - dice Nesti - Cerco ragazzi orientali perché i _____ del film sono tutti orientali.
- E la scuola di lingue Vox?
- Molti _____ della Vox vengono dall'Oriente. Così io vado là per cercare gli _____ del film... Ma non conosco quei tre giapponesi...

## Capitolo XVI

*1. Vero o falso?*

|  | Vero | Falso |
|---|---|---|
| a) Betty torna a casa da sola. | ❐ | ❐ |
| b) André resta con Carmen ad aspettare Yukio. | ❐ | ❐ |

## Capitolo XVII

*1. Vero o falso?*

|  | Vero | Falso |
|---|---|---|
| a) La vecchia dice che Yukio non è morto. | ❐ | ❐ |

## Capitolo XVIII

*1. Vero o falso?*

|  | Vero | Falso |
|---|---|---|
| a) La mattina davanti alla scuola c'è anche Yukio. | ❏ | ❏ |
| b) Il "posto piccolo e buio" è il bagno della scuola. | ❏ | ❏ |

*Che cosa significa?*
*(Scegli l'espressione giusta.)*

**nervoso**
a) il contrario di calmo; b) simpatico; c) senza luce

**scappare**
a) tornare; b) uccidere; c) fuggire

**ingresso**
a) bagno; b) entrata; c) negozio

**preoccupato**
a) il contrario di agitato; b) il contrario di nervoso; c) il contrario di tranquillo

**andare a piedi**
a) andare con l'autobus; b) camminare; c) il contrario di correre

**campagna**
a) società; b) parte della città; c) zona verde fuori dalla città

**prigioniero**
a) il contrario di nuovo; b) il contrario di libero; c) il contrario di giovane

**buio**
a) piccolo; b) senza luce; c) antico

**torcia**
a) negozio per la casa; b) paura; c) lampada

**sporco**
a) corto; b) il contrario di pulito; c) separato

**stretto**
a) molto intelligente; b) il contrario di brutto; c) il contrario di largo

**antico**
a) vecchio; b) il contrario di pulito; c) misterioso

# PER LA DISCUSSIONE IN CLASSE

1) Descrivi il personaggio di André.
2) Descrivi il personaggio di Betty.
3) Descrivi i tuoi compagni di classe.
4) Parla dei monumenti di Roma.
5) Racconta la storia di un film horror.

# SOLUZIONI

### Capitolo I

1: a = falso; b = vero; c = vero; d = falso
2: a/f; b/h; c/e; d/g
3: Antonietta **lavora** alla scuola di lingue Ciao Italia. Fa **l'**insegnante d'italiano. È **una** ragazza molto simpatica. Nella sua classe, c **sono** molti studenti.
4: a) **Dove lavora** Antonietta? b) **Che cosa fa**? c) **Chi è** Carmen? d) **Da dove viene** Narjess?

### Capitolo II

1: a = vero; b = falso: c = vero; d = vero;
2: pausa; vanno; va; ragazza; bicchiere; caldo; sete; caffè
3: fai; Vuoi; è; andate; Veniamo; siamo; fai; venire; posso; devo

### Capitolo III

1: a = vero; b = falso; c = vero
2: c - b - a - d
3: tempo; Fa; fa; giornata; sole

### Capitolo IV

1: a = vero; b = falso; c = falso
2: e - c - g - a - d - b - f
3: a) **Che ore sono**? b) **Dov'è** Carmen?

### Capitolo V

1: a = vero; 2 = vero; c = falso
2: Sono; La; dalla; Nella

## Capitolo VI

1: a = falso; b = vero

## Capitolo VII

1: a = vero; b = falso
2: volete; Vogliamo; voglio; Ho; sa;

## Capitolo VIII

1: a = falso; b = vero

## Capitolo IX

1: a = vero; b = vero; c = falso
2: Fa; voglio; abbiamo; prendo; ci sono; anche per me; un; studenti; italiani

## Capitolo X

1: a = vero; b = vero
2: Sulla **via** Appia, mezz'ora dopo. La Renault di André segue sempre la **macchina** bianca di Nesti. André e Betty parlano. Carmen è in **silenzio** .
- Ma dove va? - domanda Betty - Qui siamo in **campagna**.
- Ora capisco - dice André - Yukio e i tre ragazzi giapponesi sono **prigionieri** di Nesti, in una casa in campagna. Nesti va da loro.
- Questa **strada** è molto lunga...
- È la **via** Appia, Betty. È un'antica strada romana. Guarda... Ci sono ancora delle **scritte** in latino, sui lati. Che ore sono adesso?
- Io non ho **l'orologio** - dice Betty - Domandiamo a Carmen.

## Capitolo XI

1: a = vero; b = falso; c = falso

## Capitolo XII

1: a = vero

## Capitolo XIII

1: a = vero; b = falso; c = vero
2: gli; una scena incredibile; ragazzi giapponesi; gli; i vestiti sporchi; un'esperienza terribile; tutte uguali; questo signore; i capelli bianchi; delle; la; la gente entra; devo; i

## Capitolo XIV

1: a = vero; b = falso

## Capitolo XV

1: a = falso; b = vero
2: amico; assassino; ferramenta; orientali; produttore; società; coltelli; scene; catacombe; buio; annuncio; personaggi; studenti; attori

## Capitolo XVI

1: a = vero; b = vero

## Capitolo XVII

1: a = vero

## Capitolo XVIII

1: a = falso; b = vero

## Che cosa significa?

nervoso = a; scappare = c; ingresso = b; preoccupato = c; andare a piedi = b; campagna = c; prigioniero = b; buio = b; torcia = c; sporco = b; stretto = c; antico = a

# Indice

**Dov'è Yukio?** .................................................................. 5

**Riassunto** ........................................................................ 37

**I monumenti** .................................................................. 40

**Esercizi** ........................................................................... 42

**Per la discussione in classe** ........................................ 57

**Soluzioni** ........................................................................ 58

## Catalogo Alma Edizioni

### Collana "Italiano facile"
**1° livello / 500 parole**

Roberta è una giovane d.j. Da una piccola radio di Firenze parla della musica rock e della vita in città. Ma a Firenze qualcuno non ama la musica...

Cosa succede quando siamo in un Paese straniero e non capiamo bene la lingua? Molti equivoci, naturalmente. Come quelli che accadono a Minni, una ragazza orientale, quando arriva in Italia per la prima volta. Una storia divertente e originale, che aiuta a riflettere sulle espressioni più curiose della lingua italiana.

# Catalogo Alma Edizioni

## Collana "Italiano facile"
### 2° livello / 1000 parole

L'angelo Pippo è un angelo specializzato: aiuta gli uomini e le donne sulla Terra a trovare l'amore. Ma un giorno anche lui s'innamora...

Anna, Rita e Valentina sono tre amiche. Un giorno decidono di organizzare una festa nella casa fuori città di Giovanni. Ma la gente dice che in quella casa ci sono i fantasmi...

# Catalogo Alma Edizioni

## Collana "Italiano facile"
### 2° livello / 1000 parole

A Venezia, durante la festa di Carnevale, il vecchio Pantalone muore. Chi l'ha ucciso? Tutti pensano ad Arlecchino; solo Colombina, la figlia di Pantalone, non crede alle accuse. Un giallo veneziano, ricco di colpi di scena.

Due amici napoletani, Ciro e Lello, e una ragazza di nome Margherita. Uno strano sogno che si ripete uguale tutte le notti, un cavallo misterioso, i numeri del lotto. Un viaggio dal Sud al Nord d'Italia per giocare, tra tradizione e avventura, un'originale partita d'amore.

**ALMA EDIZIONI**
viale dei Cadorna, 44 - 50129 Firenze - Italia
tel ++39 055476644 - fax ++39 055473531
info@almaedizioni.it - www.almaedizioni.it